Fest der Sinne

Mohn und Lavendel

Groh Fotokunst Verlag

Das Paradies
ist dort,

wo blauer Himmel
und
rote Mohnfelder
sich berühren.
Bernd Winkel

Fest der Sinne

Einzeln oder in Gruppen leuchten rote Blütenköpfe auf Feldern und Wiesen. Anmutig biegt sich die zarte Gestalt der Blume im lauen Wind - *Mohn.*
Es ist Sommer!
Anspruchslos in seiner Art, lässt sich der Mohn dort nieder, wo es ihm gefällt. Und doch ist er mehr als nur ein prachtvoller Farbtupfer. Um seine Herkunft und seine berauschende Wirkung ranken sich einige geheimnisvolle Legenden. Glaubt man der griechischen Sage, dann erwuchs der rote Mohn aus den Tränen, die Aphrodite um den Tod ihres geliebten Adonis weinte. Die Liebe zur schönen Mohnblume aber ließ Aphrodite ihren Schmerz vergessen. Noch heute ist der Mohn deshalb auch ein Symbol für rasch vergessenes Liebesleid.

Kleine lilafarbene Blüten, die auf den Feldern zu leuchtend violetten Wellen verschmelzen; zarter Duft, dem man sich nicht entziehen kann: *Lavendel.*
Was macht ihn so faszinierend?
Als Inbegriff von wilder Schönheit gedeiht er auf kargem Boden in glühender Hitze und hält auch rauhen Winterstürmen stand - frei, kraftvoll und unabhängig. Die entspannende Wirkung des Lavendelduftes war schon im alten Rom bekannt, und Lavendelessenzen wurden dort dem Badewasser zugesetzt. So erklärt sich auch die Herkunft des Pflanzennamens aus dem lateinischen Begriff „lavare" (waschen).

Mohn & Lavendel sprechen all unsere Sinne an: Bezaubernde Schönheit, süßer Duft, friedliche Stille wirken entspannend und lassen uns genießen. Dort, wo Mohn und Lavendel zusammentreffen, ob in unseren Gärten oder auf den Lavendelfeldern Südfrankreichs, entsteht ein harmonisches Zusammenspiel von Farbe und Duft. Eine Kombination, deren Faszination einen nicht mehr loslässt.

Auf das bewusste Wahrnehmen von Geschmäckern, Gerüchen, Tönen, Lauten, Farben wird innere Ruhe einkehren.

Paul Wilson

Schönheit

in ihrer
Vollendung

Schönheit in ihrer Vollendung

Wilde
Schönheit
offenbart sich nirgends unmittelbarer,

als in der Pracht
eines **Lavendelfeldes**
inmitten des Hochsommers.

Jacques Fernand

Das Geheimnis des Lebens

liegt in der Suche nach Schönheit.

Oscar Wilde

In den
kleinen Dingen
offenbart sich
das Geheimnis
der Schöpfung:

Was gibt es vollkommeneres
als eine Mohnblüte,
die sich entfaltet?

Vincente Tomasso

Die schönen
Augenblicke
behalte in Erinnerung.

Sie sind der Zauber des Alltags.
Marthe-Marie Brügge

In der Zartheit der Mohnblüte
steckt die allergrößte Kraft.

Ihre Schönheit erleuchtet den Sommer.

Sophie Kammerer

Der Duft

des Sommers

Der Duft

des Sommers

Pflanzendüfte
sind wie Musik
für unsere Sinne.

aus Persien

Umgib dich mit Lavendel.

Er erfreut das Auge
und erfrischt
den Geist.

Claire Montignac

Nichts weckt die Erinnerung so stark

wie ein Duft.

Victor Hugo

Poesie ist wie ein Duft,

der sich verflüchtigt,

und dabei in unserer Seele

die Essenz der Schönheit zurücklässt.

Jean Paul

Bewahre dir die Erinnerung
an den Duft
des Sommers.

Er ist
verwandelter
Sonnenschein.

Sonja Blumenthal

Kein **Parfum**
ist vollkommener,

als die Essenz
blühenden Lavendels.

Claudine Delville

Mit der
Kraft

des
Gefühls

Mit der
Kraft

des
Gefühls

Lerne denken
mit dem Herzen
und lerne fühlen
mit dem Geist.

Theodor Fontane

Je wacher die Sinne,

desto lebendiger
der Geist.
Yuki Saito

Vertrau auf deine Kraft! Sieh, wie die Mohnblüte

trotz zarter Gestalt jedem Wind standhält.

Sophie Kammerer

Nur für einen Augenblick

entfaltet die Mohnblüte ihre volle Pracht.

Aus Augenblicken wie diesen

entsteht das Mosaik des Glücks!

Petra Fröhlich

Nirgendwo komme ich
besser zur Ruhe
als inmitten eines
blühenden Lavendelfeldes.

Die Nase angefüllt
mit Wohlgeruch,
ein blaues Farbenmeer vor Augen –
ein Freudenfest für die Sinne.
Patrice Jeancourt

Doppelt lebt, wer nicht nur sieht,

sondern mit allen Sinnen
wahrnimmt und genießt.

Ursula Kohaupt

Leise
Stimme

der
Natur

Leise
Stimme

der
Natur

Unsere größten
Ereignisse

sind nicht unsere lautesten,
sondern unsere
stillsten Stunden.

Friedrich Nietzsche

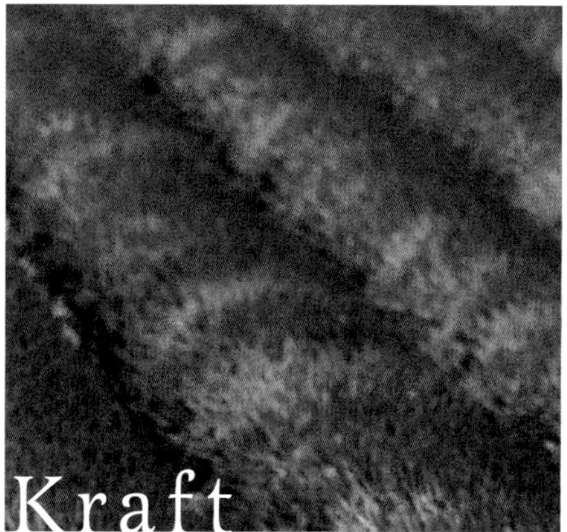

Es ist unglaublich,
wie viel Kraft
die Seele
dem Körper zu verleihen mag.

Wilhelm von Humboldt

Impressum:

Bildnachweis:
Titel: Jürgen Pfeiffer; S. 2/3, S. 16/17: Alfred Albinger; S. 4/5: Ernst Elfner; S. 6, S. 34/35: Louis Bertrand; S. 8/9: Frank Krahmer; S. 10/11: Colordia Rauch; S. 12/13, S. 20/21, S. 24/25, S. 32/33, S. 38/39, S. 56/57, S. 63: Roland Gerth; S. 14/15, S. 30/31, S. 40/41 : Ruth Rau; S. 19, S. 59: Thomas Jungmann; S. 22/23: Reinhard Siegel; S. 26/27: Micha Pawlitzki; S. 28/29, S. 44/45: Silke Mors; S. 37, S. 46/47, S. 48/49, S. 52/53, S. 64: Ullrich-Jürgen Schönlein; S. 42/43, S. 50/51: Gerald Schwabe; S. 54/55: Lothar Nahler; S. 60/61: Eddi Boehnke.

Wir danken allen Autoren und deren Erben, die uns freundlicherweise die Erlaubnis zum Abdruck von Texten erteilt haben.

Idee und Konzept: Groh Fotokunst Verlag
Herausgegeben von: Silke Mors
Gestaltung: Margit Poxleitner

ISBN 3-89008-304-8

Wörthsee bei München

www.groh.de